EMF2-0036

J-POP
CHORUS PIECE

合唱楽譜＜J-POP＞

合唱で歌いたい！ J-POPコーラスピース

女声2部合唱

言葉にできない

作詞・作曲：小田和正　合唱編曲：上西真理

●●● 曲目解説 ●●●

　1969年から1989年まで活動した、オフコースが発表した楽曲で、その後バンドのリーダーである小田和正によってセルフカヴァーされました。明治安田生命のテレビCMでも長年使用されているので、耳にしたことがある人も多いのではないでしょうか。感動を誘うサウンドと歌詞は、合唱で演奏するのにぴったりです。女声2部合唱ならではの透き通った響きをお楽しみください。

【この楽譜は、旧商品『言葉にできない（女声2部合唱）』（品番：EME-C0003）とアレンジ内容に変更はありません。】

合唱で歌いたい! J-POPコーラス

J-POP
CHORUS PIECE

言葉にできない

作詞・作曲：小田和正　合唱編曲：上西真理

© 1981 by FUJIPACIFIC MUSIC INC.
CLUB HOUSE PUBLISHERS INC.

Elevato Music
EMF2-0036

言葉にできない - 2

言葉にできない - 3

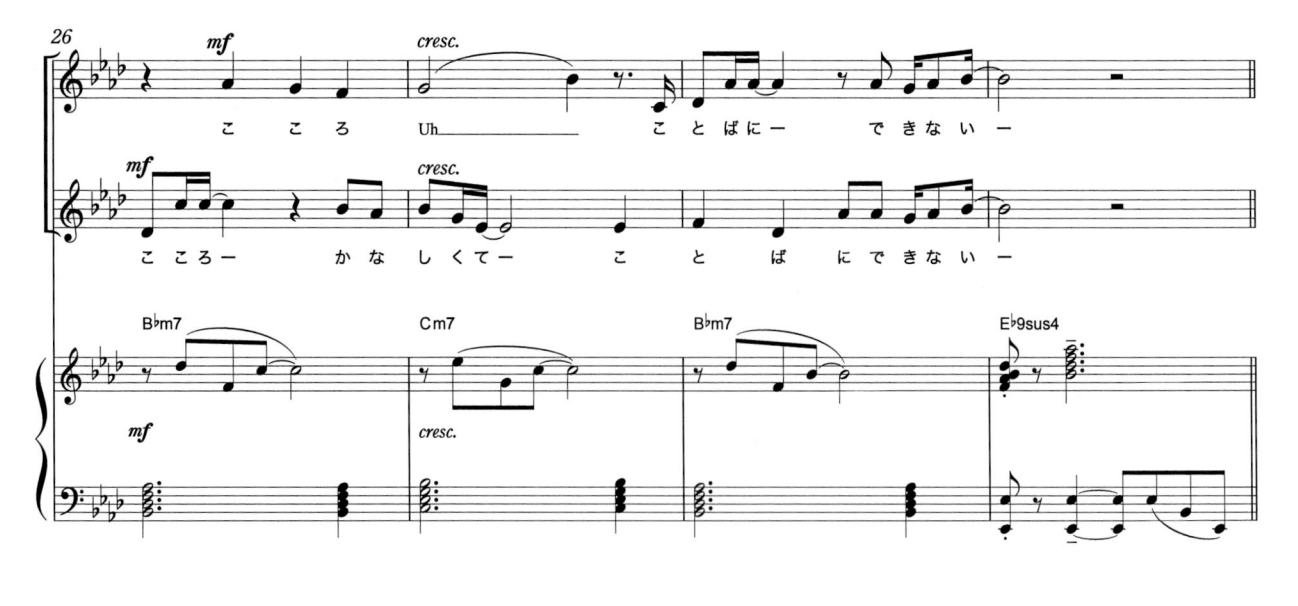

Elevato Music
EMF2-0036

言葉にできない - 4

Elevato Music
EMF2-0036

言葉にできない - 5

D.S.

Elevato Music
EMF2-0036

言葉にできない - 6

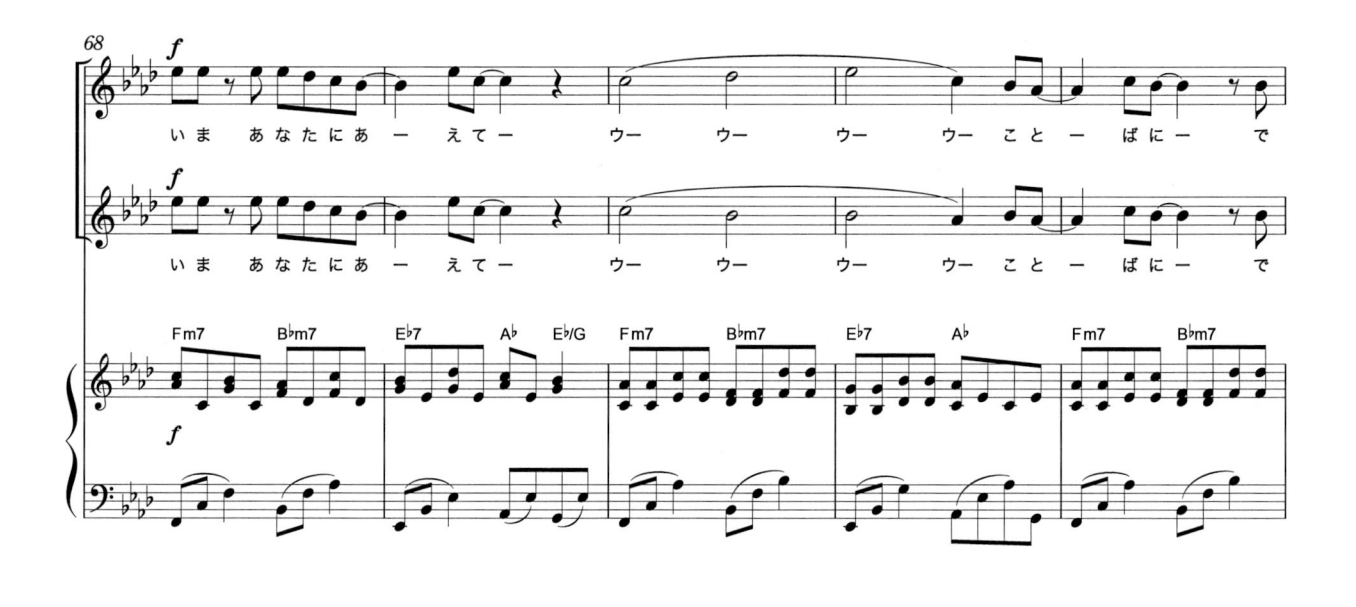

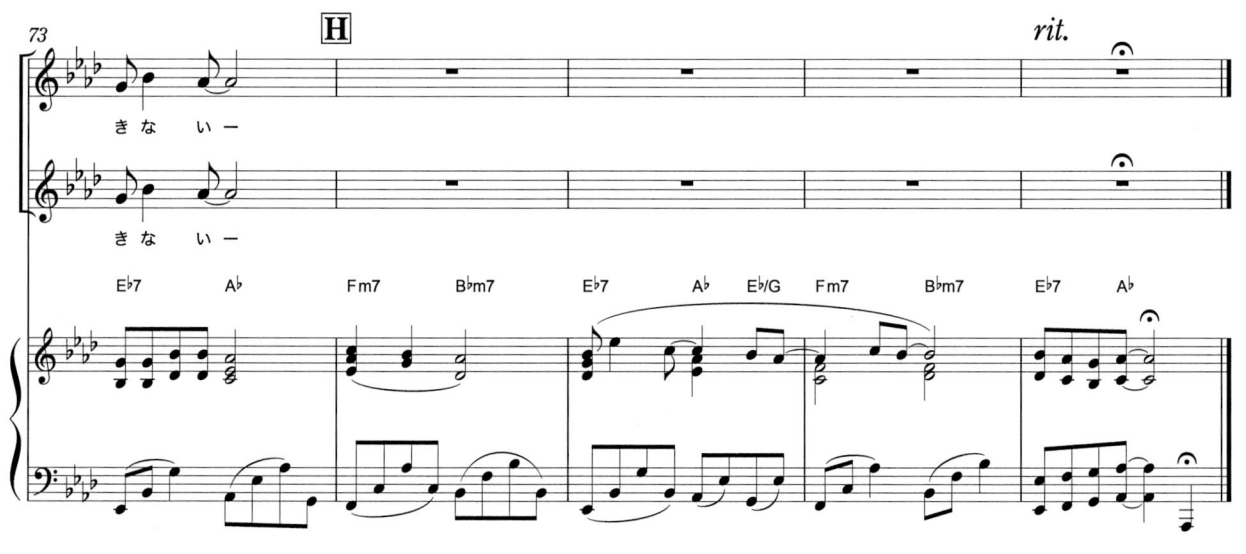

Elevato Music
EMF2-0036

MEMO

言葉にできない

作詞：小田和正

la la la……
終わる筈のない愛が途絶えた
いのち尽きてゆくように
ちがう　きっとちがう　心が叫んでる

ひとりでは生きてゆけなくて
また　誰かを愛している
こころ　哀しくて　言葉にできない
la la la……　言葉にできない

せつない嘘をついては　いいわけをのみこんで
果たせぬ　あの頃の夢は　もう消えた

誰のせいでもない
自分がちいさすぎるから
それが　くやしくて　言葉にできない
la la la……　言葉にできない

あなたに会えて　ほんとうによかった
嬉しくて　嬉しくて　言葉にできない
la la la……　言葉にできない

あなたに会えて　ウーウーウーウー
言葉にできない
今あなたに会えて　ウーウーウー

MEMO

MEMO

エレヴァートミュージックエンターテイメントはウィンズスコアが
展開する「合唱楽譜・器楽系楽譜」を中心とした専門レーベルです。

ご注文について

エレヴァートミュージックエンターテイメントの商品は全国の楽器店、ならびに書店にてお求めにな
れますが、店頭でのご購入が困難な場合、下記PC＆モバイルサイト・FAX・電話からのご注文で、直接
ご購入が可能です。

◎PCサイト＆モバイルサイトでのご注文方法

http://elevato-music.com

上記のアドレスへアクセスし、WEBショップにてご注文ください。

◎FAXでのご注文方法

FAX.03-6809-0594

24時間、ご注文を承ります。上記PCサイトよりFAXご注文用紙をダウンロードし、
印刷、ご記入の上ご送信ください。

◎お電話でのご注文方法

TEL.0120-713-771

営業時間内に電話いただければ、電話にてご注文を承ります。

※この出版物の全部または一部を権利者に無断で複製（コピー）することは、著作権の侵害にあたり、
　著作権法により罰せられます。

※造本には十分注意しておりますが、万一、落丁・乱丁などの不良品がありましたらお取り替えいたします。
　また、ご意見・ご感想もホームページより受け付けておりますので、お気軽にお問い合わせください。